Guia CASA e jardim de cozinhas

Guia CASA e jardim de cozinhas

EDITORA GLOBO

Este guia é produto de uma parceria entre
a Globo Livros e a revista Casa e Jardim

Texto: **Dagmar Serpa**
Edição: **Wally Constantino G. Barbero**
Revisão: **Agnaldo Alves de Oliveira**
Projeto gráfico, editoração eletrônica e capa: **Axis Design**
Créditos fotográficos: **Cedoc/Editora Globo**
Projetos arquitetônicos: **Emilson Abdu**
Ilustrações: **Alice Campoy**

EDITORA GLOBO S.A.
Av. Jaguaré, 1845 – São Paulo, SP, Brasil
CEP 05346-902 – Tel.: (11) 3362-2000
E-mail: atendimento@edglobo.com.br
Site: www.globolivros.com.br

Dados Internacionais de Catalogação na Publicação (CIP)
(Câmara Brasileira do Livro, SP, Brasil)

Guia Casa e Jardim de Cozinhas / texto Dagmar Szaniecki Perret Serpa ; ilustrações Alice Campoy. – São Paulo : Globo, 2004.

ISBN 85-250-3874-1

1. Casa e Jardim (Revista) 2. Cozinhas - Planejamento 3. Decoração de interiores 4. Design I. Serpa, Dagmar Szaniecki Perret. II. Campoy, Alice.

04-5006 CDD-747.797

Índices para catálogo sistemático:

1. Cozinhas : Decoração de interiores 747.797

Impressão e acabamento: Lis Gráfica
2ª reimpressão, 2011

Com base na experiência e na qualidade da revista **Casa e Jardim**, a Editora Globo tem o prazer de lançar o **Guia Casa e Jardim de Cozinhas**, repleto de informações para ensinar o leitor a fazer de sua cozinha não apenas um local destinado ao preparo das refeições, mas também um ambiente elegante e prático, tão importante quanto os outros cômodos da casa. A preocupação com a beleza está presente, porém sempre acompanhada de dicas de conforto, funcionalidade e praticidade, aspectos indispensáveis para se viver melhor o dia-a-dia.

O livro reúne dezenas de projetos assinados por renomados profissionais da área de decoração, arquitetura e design de interiores. Por meio da análise dos vários projetos de cozinha, orienta para a escolha de materiais e composições, inclusive com dados preciosos sobre a distribuição de armários, eletrodomésticos, móveis e acessórios, melhor aproveitamento do espaço, iluminação adequada, ventilação e circulação.

De leitura leve, com textos concisos, o **Guia Casa e Jardim de Cozinhas** constitui uma obra completa sobre o tema, já que abrange todos os tipos de cozinha: clássicas, contemporâneas, isoladas ou integradas à sala, espaçosas ou de pequenas áreas, da casa na cidade, na praia ou no campo. As cores e seu melhor uso, nesse ambiente geralmente associado ao branco, ganharam um tratamento à parte, no capítulo sobre cozinhas coloridas, além de estarem presentes de modo decisivo em muitos projetos.

Com todas as informações disponíveis nesta obra, o leitor vai poder transformar sua cozinha em um espaço atraente e diferenciado, decorado com bom gosto e estilo, conferindo-lhe, afinal, a importância que merece.

Os Editores

SUMÁRIO

Pode-se dizer que, até não muito tempo atrás, este era um lugar da casa considerado como de segunda categoria – e, assim, mantido bem separado dos demais cômodos. Mas algo mudou no reino das cozinhas, e ela ganhou posição de destaque. Hoje, em muitas residências, este ambiente "de serviço", cheio de tempero e graça, convive solenemente com as salas de jantar e de estar, oferecendo-se aos olhos das visitas. E, mesmo que não seja integrada, mas fechada e isolada, a cozinha agora recebe uma decoração caprichada e esbanja elegância. Basta examiná-la e já é possível deduzir um pouco sobre o modo de vida do morador. Se os eletrodomésticos e utensílios são de aço inox, coordenados a diversos detalhes em prata, preto ou branco, significa que o dono (ou dona) das panelas é, com toda certeza, um adepto do estilo contemporâneo – provavelmente não só na cozinha, mas na decoração de toda a residência. Talvez seja uma pessoa que trabalha muito e quase nunca pára em casa, mas faz questão de contar com beleza e conforto em seu reduto.

Se há escumadeira, concha, escorredor e vários outros apetrechos dependurados, além de condimentos e especiarias enfileirados com zelo, dando remate ao visual do ambiente, se o fogão é industrial ou semiprofissional e a geladeira idem, não restam dúvidas:

o morador é um *gourmet*, que adora gastar seu precioso tempo livre testando alquimias culinárias. Se a copa é tão importante (e generosa) quanto a cozinha, a mesa ocupa uma posição estratégica e há cadeiras para várias pessoas, os indícios são de que a família que mora ali gosta de se reunir na hora das refeições. Ou então, que o dono aprecia receber grupos de amigos para almoços e jantares.

Admite-se que, praticamente desde o início de sua história, o homem cria métodos e técnicas para conservar os alimentos e torná-los mais digeríveis e palatáveis. Estudiosos da Pré-História cogitam que, logo que o homem dominou o fogo, há cerca de 500 mil anos, utilizou-o primeiro para cozinhar – e só bem mais tarde para outros fins. Esses poderiam ser considerados os primórdios das artes culinárias. Com o passar do tempo, a comida ganhou mais importância e novas funções, além da própria sobrevivência. Já nas primeiras civilizações, há registros que comprovam a existência de banquetes repletos de ritos e simbolismos. Desde aquela época, o ato de comer e beber juntos servia para fortalecer laços de amizade entre semelhantes, reforçar relações entre senhor e vassalos e assim por diante. Mesmo em um nível social mais baixo, os mercadores selavam acordos comerciais em torno da mesa. Durante a maior parte da Idade

Média, sentar-se para uma refeição ou um banquete, então chamado de *convivium*, correspondia a travar um compromisso de manter a paz e a concórdia.

Se a comida desfrutava de tamanho *status*, certamente era preciso destinar um espaço para o seu preparo. No passado, porém, esse lugar mostrava-se bastante despojado. Os sinais são de que havia nas casas uma peça que continha um fogão, construído no chão, como uma lareira, além de umas poucas prateleiras com os utensílios de uso cotidiano e uma pequena quantidade de alimentos estocados. Em especial nas casas mais ricas e nos palácios, a maior parte da despensa, ao que parece, ficava guardada em outro cômodo. O ambiente destinado ao feitio das refeições, portanto, não era muito mais guarnecido do que isso.

Muito tempo e várias invenções depois, a cozinha foi adquirindo uma aparência bem mais parecida com a atual. Em 1630, o inglês John Sibthrope inventou o fogão de metal aquecido por carvão. Somente no início do século XIX, um austríaco, Zachaus Andreas Winzler, criou o fogão a gás, que ainda demorou a ser amplamente comercializado. Mais tarde, foram incorporados a essa criação requintes como acendimento automático e sistema autolimpante. Em 1850, um médico americano,

interessado em melhorar as condições de saúde de seus pacientes, inventou a geladeira (e também o condicionador de ar). Apenas no século seguinte a invenção ganhou ares domésticos e começou a ser fabricada para venda em larga escala – no início tratava-se de um luxo, ao alcance apenas da elite. Em meados da década de 1950, no entanto, 80% dos lares americanos já tinham uma geladeira.

Do forno elétrico à torradeira, do liquidificador à batedeira, do microondas ao *freezer* e às panelas com revestimento antiaderente, muitos outros inventos revolucionários invadiram a cozinha, em ritmo cada vez mais alucinante. Como resultado, o dia-a-dia à beira do fogão foi se tornando mais fácil. Mas talvez ainda faltasse um pouco de beleza naquele ambiente. Por isso, os fabricantes passaram a se dedicar com esmero ao *design* dos eletrodomésticos e utensílios. Não tardou para que os proprietários, arquitetos e decoradores também começassem a olhar com outros olhos para o lugar destinado ao preparo da comida. Não por acaso, hoje as cozinhas – sejam na cidade, na casinha de praia ou de campo, diminutas ou espaçosas, isoladas ou integradas – exibem bom gosto e estilo, mesmo quando não submetidas à orientação de um profissional da decoração. É só folhear as páginas deste livro e ver para crer.

Materiais e equipamentos bem escolhidos, iluminação planejada, encaixes perfeitos, ótimas soluções aqui e ali. Este capítulo traz uma seleção de cozinhas clássicas, mas nada conservadoras – e muito, muito funcionais.

São saborosos projetos, que podem servir como inspiração para quem quer reformar a sua.

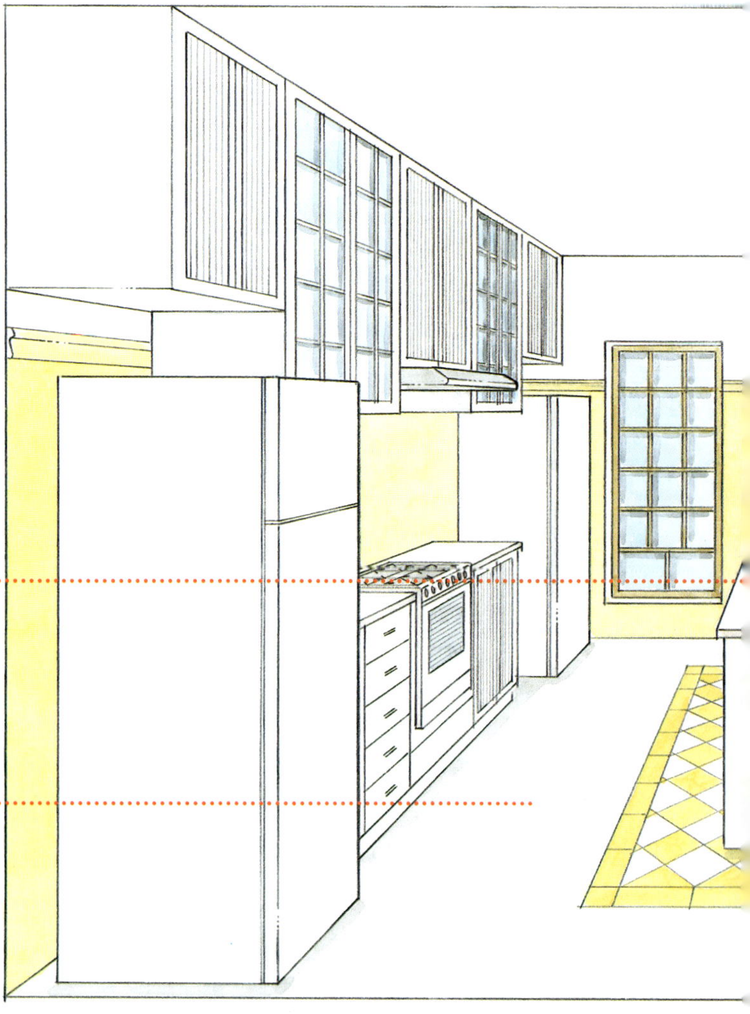

A pia e a área de trabalho ficam na charmosa ilha, bem no meio da cozinha.

O piso é de cimento queimado branco com resina acrílica fosca.

ILHA

Se a idéia é pôr uma ilha para alojar fogão e pia, recomenda-se deixar 80 cm de área livre no entorno – ou a circulação será prejudicada. Se a mesa for incluída nesse espaço, a sobra deverá ser maior, de 1,40 m, já que uma pessoa sentada ocupa cerca de 60 cm.

A cristaleira de madeira acomoda louças e copos. Móveis antigos ajudam a compor o visual clássico.

A área da ilha e da mesa ganhou um "tapete" de ladrilhos hidráulicos amarelos e brancos.

Projeto: Emilson Abdu • Ilustrações: Alice Campoy

Os armários mesclam portas convencionais com outras de vidro, o que dá movimento ao conjunto.

Sobre a ilha de madeira foi feita uma bancada de trabalho de granito. Fácil de limpar, o material é mais apropriado para a função.

A pia é uma peça de aço inox feita sob encomenda. Há lugar para panelas, suporte para utensílios e até toalha de papel.

A ilha, com fogão, é de trabalho, mas também de convívio, pois reserva lugar para as refeições.

Projeto: João Armentano

A madeira tem presença marcante nos 25 m² desta cozinha. Como resultado, o ambiente ficou mais aconchegante. Parece até área social, não de serviço.

PUXADORES

Aqui, eles ocupam toda a altura das portas dos módulos verticais ou a largura dos horizontais. Além de bonitos, são práticos: dá para alcançá-los em qualquer ponto.

Em um dos cantos da bancada de trabalho há uma lixeira embutida, longe dos olhos de todos.

O teto no trecho da pia, pertinho dos janelões, ganhou uma tela solar, que deixa passar luz natural.

Os armários foram laqueados de branco, acabamento que exige um pouco mais de cuidado do que os laminados.

A ilha central, com pia, funciona como extensão da área de trabalho. O tampo, totalmente preto, é de corian, um material bem resistente.

Projeto: Maristella Zanini de Toledo

São 20 m² de área, ou seja, há espaço para algum conforto. Com boas idéias, a cozinha se transformou em um espaço diferenciado.

ATRÁS DO FOGÃO

Sem ladrilhos, as paredes receberam pintura branca. Mas a área atrás do fogão, mais sujeita a respingos de gordura, foi revestida com uma chapa de aço inox, fácil de limpar.

Sobre a pia e a bancada
há iluminação embutida.

A mesa tem pés de madeira,
mas o tampo possui revestimento
melamínico, de fácil limpeza.

O uso de vidro em algumas portas de armários confere mais leveza ao ambiente.

Os armários são de madeira maciça *amber maple*. Beleza e aconchego garantidos.

Projeto: Siematic

Graças ao planejamento de uma empresa especializada, a cozinha à base de madeira virou um espaço bastante atraente, mas também funcional.

PARA O GOURMET

Tudo perto do fogão: embaixo, gavetões de aço inox para as panelas; as gavetas pequenas são para utensílios; ao lado, conjunto giratório, para temperos. Ficou fácil cozinhar.

O branco é o preferido na cozinha porque, se está brilhando, passa uma inegável sensação de higiene. Porém, logo evidencia qualquer sujeirinha.

Projeto: Marília Brunetti de Campos Veiga

O branco reina quase absoluto nesta cozinha. Para dar um pouco de contraste, cinza no tampo da bancada de granito e também no piso.

ACESSÓRIOS

Panelas vermelhas ou uma cafeteira em tom vibrante. Cozinhas tão branquinhas como esta permitem ousar um pouco na cor dos acessórios e eletrodomésticos pequenos.

O piso não é branco, mas cinza. Fica mais fácil mantê-lo limpo.

A cortina, que ajuda a criar um clima mais aconchegante, é de tela lavável. A luminária com grelhas elimina qualquer perigo de a lâmpada fluorescente cair.

O módulo central do armário suspenso não vai até embaixo. Assim, sobra um nicho para livros de receitas e potes de mantimentos.

Projeto: Ricardo Miura

É para quem gosta mesmo da arte culinária. O bem-equipado e funcional espaço atende a todas as necessidades de um cozinheiro de mão cheia.

ILUMINAÇÃO

Hoje, é comum não usar apenas luz branca na cozinha, mas combiná-la à amarela, para "aquecer" o ambiente. Aqui, fluorescentes compactas e dicróicas blindadas.

Praticidade: suporte para pano de prato e cuba para lavar os alimentos.

Os tampos e o piso são de granito preto, um material de fácil manutenção.

Um conjunto de fogão e coifa em aço inox profissionais. Os eletrodomésticos foram escolhidos a dedo e amparados por diversos acessórios e utensílios.

A ilha dá apoio para o preparo da comida, diminui a distância entre as tarefas e ainda pode acomodar visitas.

No centro, a superbancada de trabalho tem 4,80 m de comprimento e reúne pia e fogão. Além de ocupar bem o espaço, dá conforto a quem usa.

Uma mesa com base cromada e tampo de vidro ainda fornece apoio extra.

O tampo de mármore embeleza e é fácil de limpar.

Projeto: Paulo Gazola e Maiza Gazola Rivellino

Com 40 m^2 de área, espaço aqui não é problema. Mas tamanha generosidade pode resultar num impasse: como criar uma cozinha linda e acolhedora?

ABERTOS

Módulos abertos são práticos e elegantes. Ao mesmo tempo em que abrigam mantimentos e utensílios, podem ser ocupados com objetos decorativos e livros de receitas.

O gabinete embaixo da bancada intercala módulos fechados e abertos, o que proporciona maior leveza ao conjunto.

Projeto: Luciana Figueiredo
e Monica Hoop

Esta é uma prova de que é possível reformar uma cozinha sem fazer muita demolição. O segredo é mesclar elementos originais com novos.

PINTURA

Eis uma opção para quem não quer quebrar tudo. Aqui, parte dos azulejos originais foram mantidos. Cobertos com massa, ganharam pintura com tinta acrílica acetinada lavável.

Os armários são revestidos de fórmica texturizada branca, assim como a mesinha suspensa.

De granito, o piso e o tampo da bancada originais foram mantidos.

Um trecho de parede recebeu cobertura de pastilhas vermelhas. Atrás do fogão, uma placa de aço facilita a limpeza dos respingos de gordura.

Ao lado do fogão embutido, pequenas gavetas para guardar os utensílios mais usados no preparo da comida.

O piso e as bancadas de granito cinza não denunciam tanto qualquer sujeirinha – como acontece com o branco que predomina no ambiente.

No encosto das cadeiras, um porta-revistas: é só escolher a que será folheada no café da manhã.

Os armários são revestidos com laminado branco, de fácil limpeza.

Projeto: Mauricio Nóbrega

A cozinha é praticamente toda branca, em estilo tradicional. Mas um toque moderno, aqui e ali, empresta um pouco de graça e leveza ao ambiente.

PAREDES

Uma boa opção para quem quer reformar sem quebrar tudo: as paredes ganharam revestimento de laminado branco, o mesmo dos armários. Os azulejos originais continuaram embaixo.

Quadros na cozinha?
É claro que pode – e ficam um charme.

Projeto: Fernanda Pessoa de Queiroz

Em 20 m² de área, uma copa-cozinha funcional, sob medida para um casal com filho pequeno. Como se não bastasse, o ambiente é uma graça.

GELO

Quando a opção é por uma cozinha clara, mas um pouco mais resistente à sujeira, a saída é escolher, em vez do branco, uma cor alternativa para piso e parede. Aqui, é gelo.

Os armários inferiores são suspensos, quer dizer, não vão até o chão. É possível passar o rodo e a vassoura por baixo.

Parede e piso ganharam o mesmo material, a cerâmica, uma ótima opção para a cozinha.

Os módulos na área da copa não vão até o teto e não "pesam" na parede. Sobrou espaço para uma prateleira que guarda bandejas, cestaria...

A mesa de dois lugares possui uma extensão junto à parede. Resultado: mais área de apoio, sem ocupar muito espaço.

Projeto: Roberto Migotto

A clássica combinação de preto e branco, detalhes cromados e um pouco de madeira para embelezar ainda mais o ambiente. Esta cozinha é um luxo só.

A ilha central, com armários e gavetas embaixo, funciona como área de preparo de alimentos de um lado e mesa de refeições do outro.

O piso de granito preto, o mesmo das bancadas, tem detalhe de *cabouchons* (ou *tozzetos*) brancos. O resultado é pura sofisticação.

MANTIMENTOS

Potes de vidro de diferentes tamanhos são uma ótima opção para guardar mantimentos. Expostos, além de deixarem tudo sempre à mão, enfeitam a cozinha.

Duas luminárias cromadas iluminam a ilha. Os dois armários em pau-marfim harmonizam-se com a bancada central.

As banquetas altas cromadas, com assento em couro preto, combinam com a decoração e resistem bem ao uso na cozinha.

Em vez de muitos armários suspensos, algumas prateleiras. A parede não fica parecendo entulhada demais.

A ilha com fogão também oferece espaço para trabalhar e fazer as refeições.

O microondas e a lava-louças ganharam encaixe perfeito em altura.

O formato incomum da cuba redonda confere um charme extra à cozinha.

Projeto: Ana Teresa Bastos Cruz

O branco e o inox se misturam com harmonia e suavidade nesta cozinha com visual ao mesmo tempo clássico e moderno. Adequada para uma família de quatro pessoas.

GAVETÕES

Ótima solução para guardar panelas. Com desenho apropriado para a função, os gavetões acomodam bem as estrelas da cozinha e são facilmente manuseados no dia-a-dia.

A bancada especial em forma de "U" fica bem colada à mesa e favorece a circulação. O balcão separa as áreas de preparo da comida e a das refeições.

A luz natural penetra no ambiente filtrada por vidros jateados.

Todas as bancadas são de granito preto: beleza e praticidade.

Móveis em pau-marfim enfeitam a copa-cozinha e guardam tudo.

Projeto: Andréa Chícharro

Tem mesa com cadeiras, balcão, armários bonitos. Esta cozinha reúne tudo o que uma família de quatro ou cinco pessoas precisa para viver bem.

CRIATIVIDADE

Dá para inovar, e muito, nos armários da cozinha. Neste projeto, vidros canelados por jateamento entram como detalhe especial e embelezam o ambiente.

Os eletrodomésticos reforçam
o reinado do branco.

O piso de cerâmica
não poderia ser mais prático.

A predominância do branco "ilumina" o ambiente e dá um ar moderno a esta cozinha em estilo clássico.

De fácil manutenção, o corian foi o material escolhido para a bancada branquíssima.

Projeto: Brunete Fraccaroli

Todinha branca, esta cozinha atende bem uma família com dois filhos. Além de bem iluminada, é bastante prática e inegavelmente convidativa.

MONOCROMÁTICA

A vantagem de se ter uma cozinha em uma só cor neutra? Dá para mudar a ambientação quando quiser. Basta trocar alguns utensílios e objetos e imprimir um novo estilo.

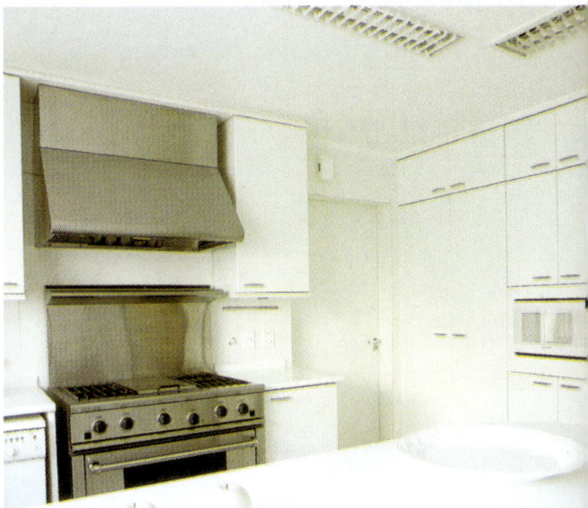

Quando a área é exígua, nenhum centímetro pode ser desperdiçado. Cada canto deve ter alguma função, para que nada essencial corra o risco de ficar de fora. Mas com boas idéias de aproveitamento de espaço, pode-se fazer caber tudo – até em uma cozinha de 3,44 m² como esta.

A parede que separava cozinha e sala foi derrubada. Manteve-se um pedaço de 60 cm de largura de um lado, para esconder a lateral da geladeira.

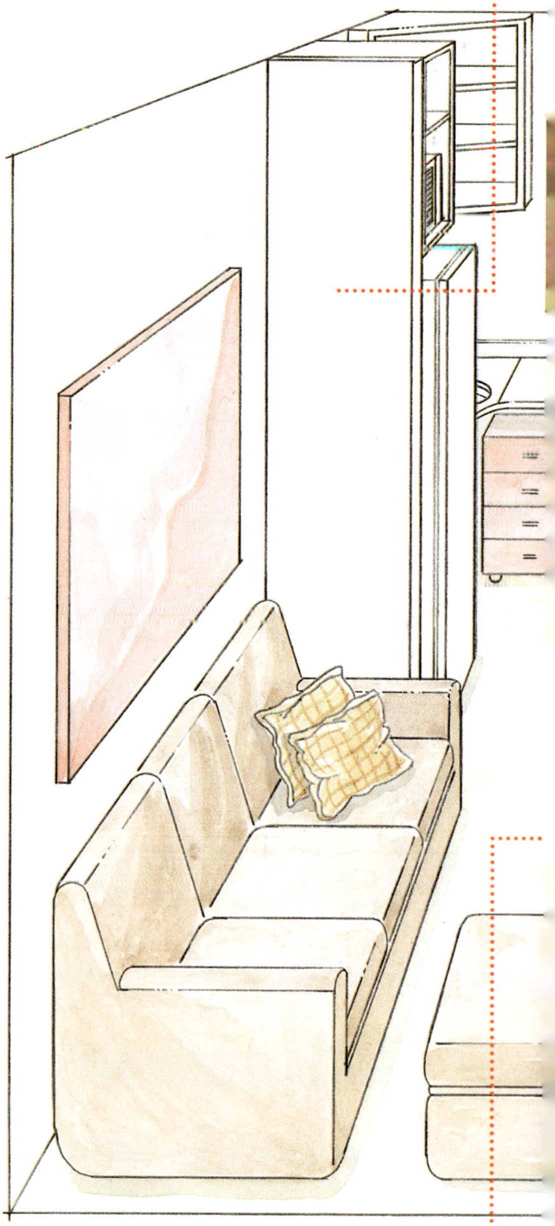

Os pisos da sala e da cozinha são do mesmo material e cor, enquanto a bancada da pia é de granito branco polar. O uso homogêneo de tons "amplia" a área.

À MOSTRA

Cantoneira e prateleiras aéreas acomodam o necessário. Quando não sobra muito espaço para colocar armários, que exigem área livre para abrir e fechar portas, o truque é manter a maior parte dos utensílios expostos, sempre à mão.

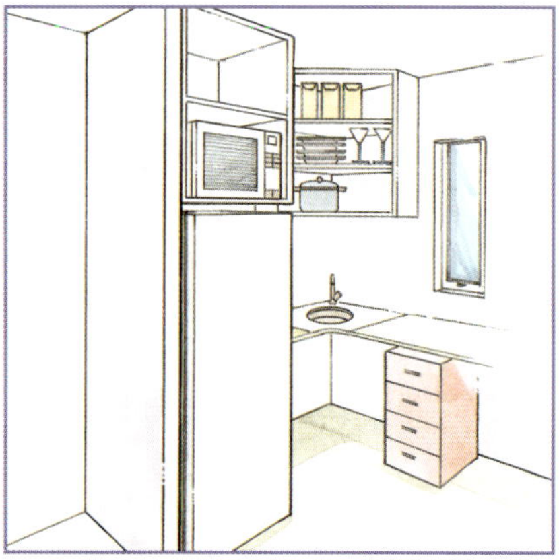

A bancada de concreto, com acabamento de cimento queimado branco resinado, tem forma sinuosa, o que "economiza" espaço e favorece a circulação.

Projeto: Emilson Abdu • Ilustrações: Alice Campoy

Para ajudar a apoiar a prateleira aérea, foram deixados 40 cm da parede eliminada.

As portas dos armários, revestidas de fórmica branca fosca, ganharam charme extra com "escotilhas" de vidro jateado.

A porta de vidro mini boreal, sem esquadrias, separa a cozinha da área de serviço e deixa passar luminosidade.

As paredes perto do balcão receberam uma pintura simples. Na área molhada, optou-se por azulejos.

Se há mais de uma porta, às vezes é preciso redesenhar as passagens. Aqui, foi assim que se ganhou espaço para o balcão com banquetas.

Projeto: Armando Garcia e Magda Papacena Braga

É como um quebra-cabeça: encaixa uma peça aqui, outra ali. Em 7,77 m² de área, foi possível colocar tudo o que uma cozinha precisa para funcionar bem.

ASSENTOS

As banquetas cromadas têm assento de couro branco impermeável, material de fácil manutenção. Outras opções práticas: revestimentos plásticos ou tecidos emborrachados.

Projeto: Fernanda Dabbur

Derrubado um pedaço da parede que dividia cozinha e sala, foi possível colocar no vão um balcão para refeições com duas banquetas.

Com um desenho que faz lembrar um corredor, a reduzida cozinha de 5,80 m² tem lava-louças, microondas e até um lugar para as refeições rápidas.

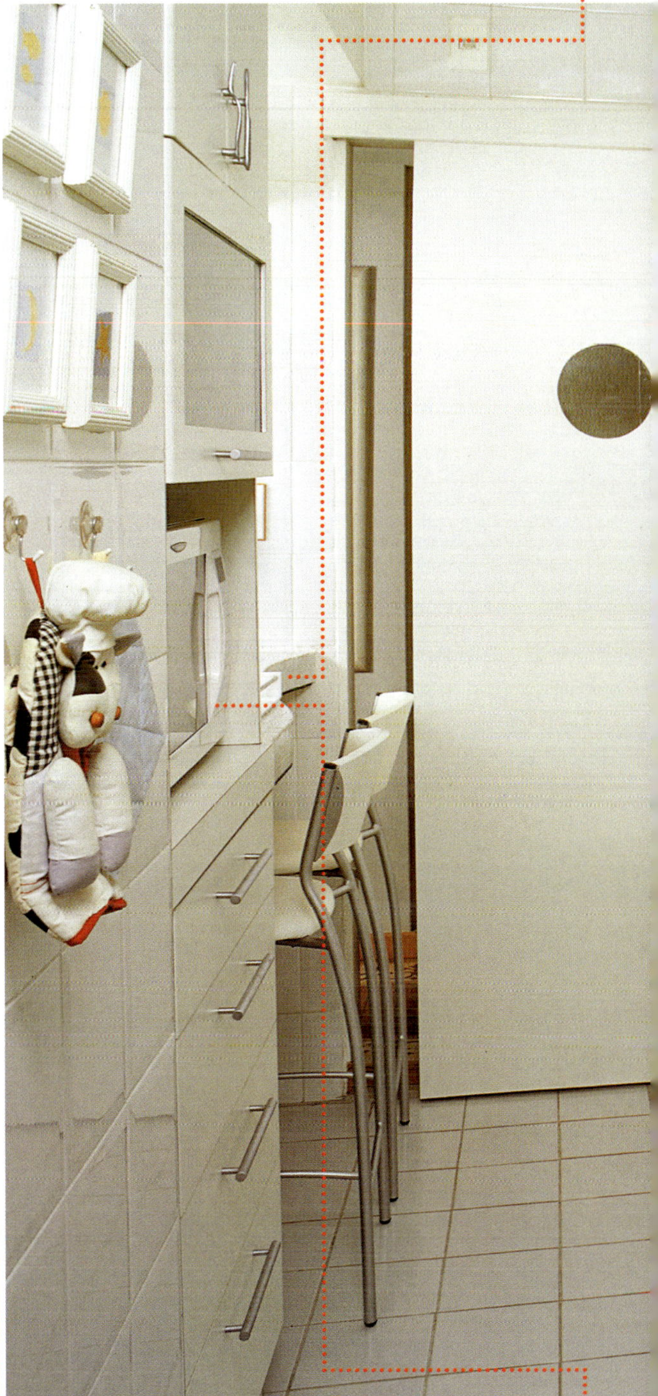

A torre que acondiciona o microondas tem ainda armário basculante e gaveteiro.

QUESTÃO DE COR

O branco não foi escolhido por acaso para esta cozinha. Trata-se de um truque: cores claras fazem com que o espaço pareça maior do que realmente é.

Os armários suspensos vão até o teto para aproveitar o espaço ao máximo. As portas são de vidro, apenas com uma moldura de madeira; por isso, a parede parece menos "cheia".

Eliminada a divisão original entre cozinha e área de serviço, foi erguido um trecho de parede com blocos de vidro. Não há portas, e a luz entra à vontade.

Mais em conta que as persianas, a cortina do tipo painel de poliéster deixa a luz natural entrar. Vantagem adicional: o material é fácil de lavar e ainda seca rapidamente.

Reformuladas as passagens, uma das duas portas de saída da cozinha foi eliminada. O que se ganhou de espaço permitiu a construção de uma continuação da bancada de trabalho.

A bancada é de silestone, material mais caro do que o mármore e o granito, mas que oferece o branco total.

Na quina da extensão da bancada foi colocada uma mesa para duas pessoas.

Projeto: Fernanda Dabbur e Flavia Lavrador

Ao lado da mesa em "L", o armário que é despensa serve também como aparador. Nesta cozinha, os 9,70 m² de área foram muito bem aproveitados.

VERSATILIDADE

Como se fosse uma peça única, a mesa termina em um pequeno armário-despensa – que pode desempenhar o papel de aparador nas refeições.

A falsa clarabóia, feita no teto rebaixado com gesso e vidro jateado, abriga lâmpadas e dá sensação de amplidão.

A mesa de forma arredondada aproveita o espaço antes inútil da lateral do armário-despensa.

O microondas ganhou encaixe especial em altura adequada.

Projeto: Cilene Lupi

Sem comprometer a circulação, os 10 m² de área comportaram todos os equipamentos necessários. Não faltou nada, nem uma espaçosa despensa.

PLANEJAMENTO

Para não atravancar a cozinha, é preciso planejar com arte e cuidado a localização dos eletrodomésticos. O fogão, por exemplo, não poderia estar em outro lugar.

A régua de aço acomoda utensílios e desocupa a bancada da pia, que é pequena.

Projeto: Selma de Sá

Para poupar espaço na passagem para a lavanderia, uma porta de correr substitui a convencional.

Com piso imitando um tabuleiro de damas e 8,50 m² de área, esta cozinha é ao mesmo tempo charmosa e equipada. Sob medida para recém-casados.

O visor de vidro deixa a luz natural entrar.

APROVEITAMENTO

Armários com portas, alternados com prateleiras e nichos vazados – que podem até servir de adega – são um recurso eficiente para guardar todos os itens em uma cozinha pequena.

Em vez da coifa tradicional, que requer a instalação de dutos, optou-se por um depurador, que suga a gordura e a acumula em uma espécie de filtro.

Encaixado no alto, o microondas não ocupa espaço na bancada.

A porta basculante do armário parece de vidro jateado, mas não é. Trata-se de um material acrílico, inquebrável e mais leve.

Existem no mercado compensados à prova d'água, ideais para a montagem do gabinete – que, assim, dura mais.

Para facilitar a limpeza, a parede da pia foi revestida com pastilhas de vidro (Vidrotil).

Projeto: Luciana Pastore

Em parcos 6 m² de área, foi possível montar uma cozinha bastante funcional. Melhor: usando sempre materiais que primam pela durabilidade.

REVESTIMENTO

Feitas em MDF, as portas dos armários ganharam um revestimento branco de PVC, que tem visual semelhante à pintura laqueada. Vantagem: não descasca como a laca nem amarela.

O piso e a parede são de resina, material de fácil manutenção e ótimo efeito visual.

Projeto: Lidia Damy Sita

Nos armários, as portas revestidas com laminados nas cores branco e prata compõem um visual moderno.

Graças à combinação de branco e prata, a cozinha ficou clara e moderna. Para completar, os 9,73 m² de área foram recheados com tudo o que um casal precisa.

DUPLA

Cubas duplas são práticas. A idéia é reservar uma para lavar utensílios engordurados e a outra para legumes, verduras e frutas. Uma delas pode ter triturador.

O piso de cerâmica branco confirma a opção por um projeto monocromático. Tudo para "ampliar" o espaço.

Há bancadas dos dois lados do nicho da geladeira: sobra apoio para tudo, até para pôr uma televisão pequena.

A mesa de dois lugares se encaixou no único canto livre que sobrou. O tampo arredondado facilita a circulação e evita esbarrões na quina.

Estilo saia e blusa: fórmica italiana que imita madeira reveste os armários de baixo, enquanto os módulos superiores são brancos.

Para economizar, a pia de mármore amêndoa, o piso de cerâmica e os azulejos da parede originais foram mantidos.

Uma micromesa-balcão aproveita o canto livre.

Projeto: Vivian Calisse

Parece inacreditável, mas a área diminuta, de apenas 3,44 m², abriga tudo o que uma cozinha precisa. Charmoso, o projeto é perfeito para quem mora sozinho.

DESMONTÁVEL

E nômade. Boa para quem mora em imóvel alugado, a cozinha inteira segue o dono na próxima mudança: as prateleiras desencaixam dos suportes de metal e os armários de baixo têm até rodinhas.

A altura das prateleiras é regulável, para usar de acordo com a necesidade.

Projeto: Vivian Calissi

Além de um visual ultramoderno, obtido com a combinação de tons de prata e madeira, a cozinha de 9 m² é bem abastecida. Serve, com conforto, um casal.

BOM E BARATO

Nem tudo o que é bonito custa caro. Para revestir as paredes, foram usadas pastilhas de cerâmica. No piso, granilite. Ambos são materiais baratos, mas que proporcionam um efeito bonito.

Todos os eletrodomésticos são em tons de prata, o que reforça o estilo *high-tech*.

Lava-louças, microondas, freezer: para cada eletrodoméstico, um encaixe perfeito.

Como o espaço é pequeno, usar só o branco poderia deixar o visual simples demais. Nos armários de baixo, fórmica do tipo madeira; nos de cima, imitando aço.

A mesa tem desenho arredondado, que favorece a circulação. Bem ao lado, nichos para guardar galheteiro, porta-guardanapos e outros itens.

Projeto: Claudia Napchan – Projeto Sendo

Não se trata de uma cozinha mínima: são 11 m² de área. Mas, para satisfazer um morador do tipo *gourmet*, o espaço disponível não é tão farto assim.

O microondas ganhou um nicho e deixa a bancada livre.

PAREDES

Às vezes, é preciso empreender reformas. Aqui, foi erguida uma parede nova na divisão com a área de serviço, antes devassada, que serviu para encostar a geladeira e a bancada do fogão.

O piso é de cerâmica rústica, e os armários, revestidos de laminado branco. Tudo lindo e prático.

Na coifa, varões acomodam utensílios.

A bancada tem fogão embutido e lugar para sentar. As visitas podem ver o cozinheiro trabalhando.

É uma questão de estilo. Uma cozinha pode ter uma decoração convencional ou bastante atual. Recheado de exemplos lindos e funcionais, este é o capítulo certo para os adeptos da segunda alternativa. No visual contemporâneo, o aço é a grande estrela e reina quase sozinho ou em afinada parceria com outros materiais e cores.

Uma estante de aço aramado guarda diversos utensílios.

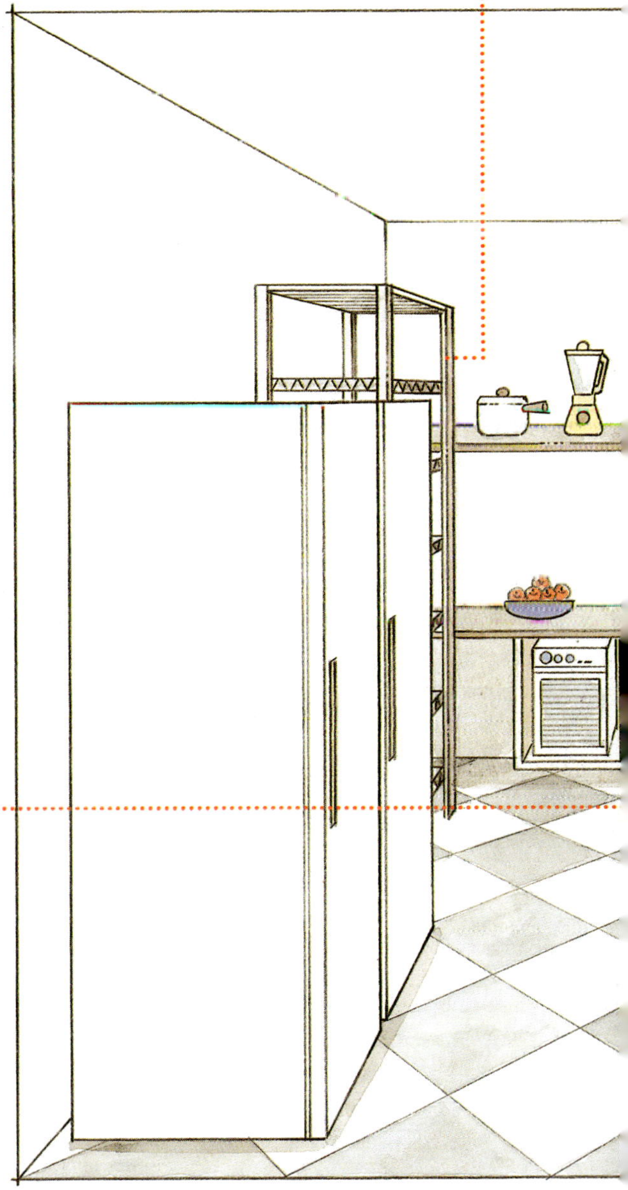

Na companhia de variações do branco e do preto, os equipamentos em aço inox se destacam ainda mais no ambiente.

O preto está presente nas bancadas de granito e nas prateleiras de MDF com laca fosca.

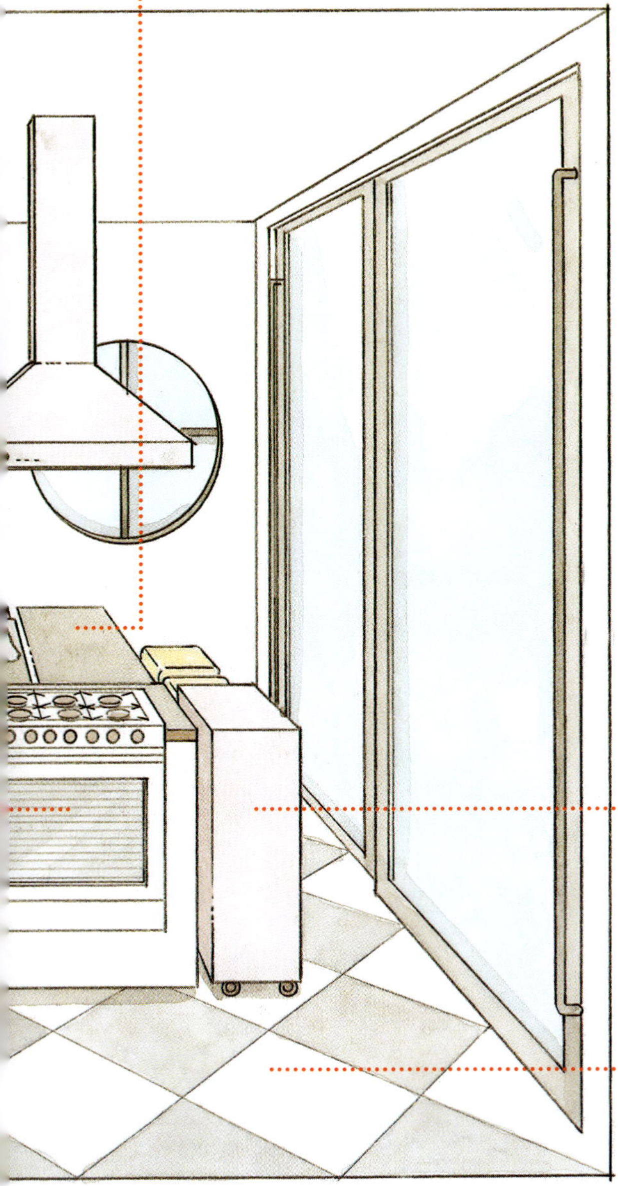

O fogão, posicionado no centro da cozinha, conta com apoio de um carrinho de aço.

O branco surge no piso de mármore, material que deve ser resinado para resistir ao uso sem ficar feio.

Projeto: Emilson Abdu • Ilustrações: Alice Campoy

CIRCULAÇÃO

Eliminada a parede que separava cozinha e sala, foram instaladas duas portas-painéis de vidro jateado, com moldura em laca preta brilhante, que correm para os lados. Além do efeito visual, a mudança favoreceu a circulação.

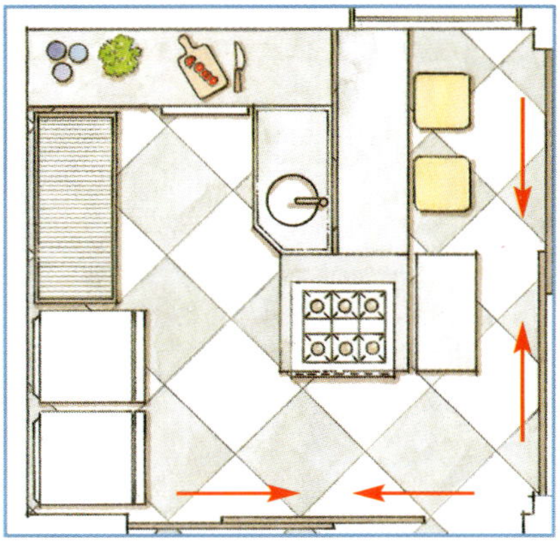

No piso e nas paredes, pastilhas brancas de vidro (Vidrotil). Bom efeito e fácil limpeza.

Ao lado do fogão, a gaveta vertical é a lixeira embutida.

Nada de lâmpadas fluorescentes, tão usadas na cozinha. A opção é usar somente dicróicas, embutidas no forro de gesso. Mais aconchego.

O aço inoxidável ganhou a companhia aconchegante da madeira européia.

Projeto: Toninho Noronha

A espaçosa cozinha de 28 m² tem visual contemporâneo, sem deixar de parecer aconchegante. Isso graças à mistura de madeira e aço.

PERSIANAS

Persianas são mais fáceis de limpar e mais duráveis do que as cortinas. Neste projeto, elas foram as escolhidas para regular a entrada de luz natural. São do tamanho exato do vidro.

Projeto: Toninho Noronha

Este espaço prático e moderno, que mistura o branco e o cinza ao aço inox, é ideal para quem faz o estilo *gourmet*. Tudo foi pensado para facilitar o dia-a-dia.

DO TAMANHO

Uma sábia medida é incluir no projeto da cozinha pequenas gavetas, próprias para guardar miudezas como tampas de garrafa, rolhas e afins. Assim, nada ficará perdido.

Os armários suspensos mesclam módulos com e sem portas: nem tudo precisa ficar fechado.

Bem ao lado do fogão há um gavetão próprio para temperos e, no fundo, garrafas de azeite.

Os varões da coifa servem para pendurar utensílios.

Na bancada com fogão, as bocas não foram centralizadas, com o objetivo de sobrar algum espaço para refeições rápidas.

Projeto: Naomi Abe e
Mônica Bacellar Tomaselli

Pitadas de um azul bem clarinho dão graça a esta cozinha de 15 m². Mas a cor é só um detalhe para deixá-la com um aspecto atualizado e irresistível.

As caixas com ideogramas e os potes de cerâmica não são apenas peças decorativas, mas também utilitárias. As caixas contêm chá; os potes, grãos.

O carrinho serve de apoio para o cozinheiro e ainda ajuda a levar os pratos à mesa.

PROTEÇÃO

Se não há azulejos, um recurso para proteger a pintura é forrar o trecho atrás do fogão e da pia com o mesmo laminado dos armários. O material pode molhar e é fácil de limpar.

O laminado azul das portas dos armários contrasta com o branco total da bancada de corian.

Fogão industrial e coifa de aço dão ares contemporâneos ao ambiente.

Na coifa, os varões para pendurar utensílios facilitam a vida do cozinheiro.

Na ilha, fogão e uma mesinha de vidro do tipo aparador.

Outra interferência no branco: nichos de madeira para temperos.

Para quebrar um pouco a monotonia do branco, gavetões revestidos com laminado imitando aço inox.

Projeto: João Armentano

O branco é a grande vedete deste ambiente recheado com peças de *design* limpo. O resultado não poderia ser outro: um visual moderno e sofisticado.

ERGONOMIA

Dica para quem acha os bancos altos desconfortáveis: a mesa para refeições foi colocada a uma altura menor do que a ilha. Assim, as pessoas podem se sentar em cadeiras normais.

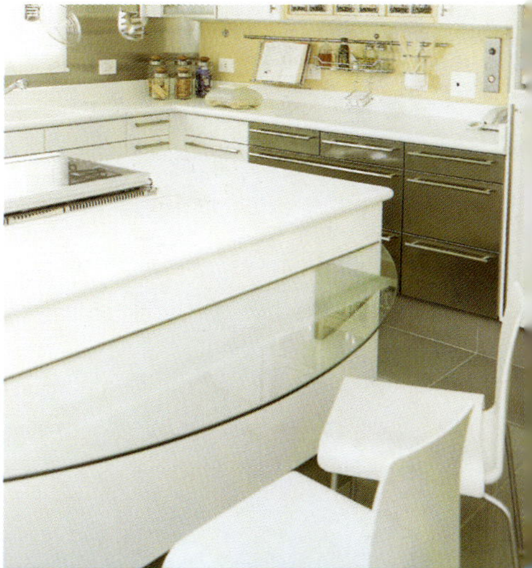

Em vez de fogão, um *cook top*. Embaixo, quatro gavetões permitem guardar muitas panelas.

A mesa com rodízios fica embutida debaixo da bancada. Para usar, é só puxar.

Cuba dupla: uma tem triturador para lixo orgânico.

Os armários têm perfis de aço escovado e são revestidos com fórmica italiana azul-marinho.

Projeto: Griffe Cozinhas

Neste projeto, o aço surge combinado ao laminado escuro das portas dos armários, criando um resultado impressionante. Sem falar das boas idéias.

TIPO ESTEIRA

Sobre a lava-louças, prateleiras com porta do tipo esteira (semelhante às de lojas). Ótima solução para poupar espaço, pois não requer área livre para abrir e fechar portas.

Armários feitos de aglomerado e de compensado à prova d'água (nas áreas molhadas) receberam revestimento de laminado alemão de aço escovado.

O branco do piso e das paredes realça ainda mais a presença do aço.

Uma bancada de bordas arredondadas divide a área destinada ao preparo da comida e a da sala de almoço.

As prateleiras inferiores deixam à mão tudo o que é mais utilizado no dia-a-dia.

Projeto: Cuisine Elgin

Nesta cozinha, muitos utensílios (e até mantimentos) ficam visíveis e ajudam a compor a decoração. O resultado é bastante contemporâneo.

LEVEZA

Um truque para fazer com que as paredes ocupadas por muitos armários não pareçam carregadas demais é mesclar portas inteiras com outras de vidro.

Projeto: Débora Elias Rosa

Vários utensílios do dia-a-dia expostos, como se fossem objetos de decoração, uma ilha de trabalho, adega... Esta cozinha é um verdadeiro charme.

DIVISÃO

Uma boa divisão interna dos armários otimiza espaço e permite guardar muitos itens. Este módulo, que funciona como despensa, tem práticas prateleiras aramadas.

Embutidos, os eletrodomésticos ajudam a compor o visual.

A ilha de trabalho, com pia, ainda conta com carrinho de apoio para temperos, azeite e o que mais for preciso.

Sobre a ilha, uma grade de tubos de aço funciona como suporte para panelas, frigideiras e uma infinidade de acessórios. Tudo à mão.

A adega ganhou desenho vertical e armazena uma boa coleção de vinhos.

Projeto: Christina Faria
e Sandra Marçal

Uma divertida brincadeira com o preto e o branco garante uma aparência bem moderna para esta cozinha simples, bonita e funcional.

O frontão de granito preto atrás da pia e do fogão serve de proteção contra respingos.

O granito preto aparece também no tampo da bancada e brincando num trecho do piso de cerâmica em tom neve.

ARREDONDADAS

Formas assim favorecem a circulação quando não há espaço de sobra na cozinha. Ninguém se esbarra nem se machuca nas quinas da mesa.

Os azulejos da parede foram forrados com laminado melamínico texturizado. Reforma sem demolição.

A mesa aproveita bem um canto livre e é acompanhada de uma cadeira preta e uma branca, o mesmo jogo de cores do piso.

Nas portas dos armários, vidro azul. Além de bonito, o material é de fácil manutenção.

Eletrodomésticos bonitos e modernos complementam a decoração da cozinha.

Bancada de corian:
mais branco impossível.

A mesa para refeições rápidas tem rodízios e pode ser deslocada conforme a necessidade.

Projeto: Brunete Fraccaroli

A base é o branco, mas o azul entra com tudo em painéis de vidro, que imprimem ares contemporâneos a esta cozinha, própria para uma família.

ACHADO

Quer coisa melhor do que achar a peça certa para cada função? Aqui, os três tabuleiros circulares servem de aparador na refeição. Mudam de altura, se for preciso.

Prateleiras abrigam garrafas, potes de vidro, latas, tudo.

Quadros dão graça e ar de área social à cozinha.

A porta veneziana do armário deixa mais mantimentos ao alcance dos olhos do cozinheiro.

Cada coisa em seu lugar: embaixo do *cook top*, gavetas para panelas e outros utensílios.

Projeto: Fernando Rodrigues Alves

A cozinha estilo "butique", conforme define o seu criador, deixa quase todos os mantimentos à mostra e é muito, muito chique.

VITRINE

O armário com jeito de vitrine, que deixa os mantimentos visíveis, é um charme e facilita a vida de quem cozinha. Fica fácil saber onde está tudo.

Projeto: Felipe Crescenti

No ambiente, ultracontemporâneo, predomina o aço inox. O resultado é que esta cozinha, com cara de industrial, agrada em cheio um *gourmet*.

Nas paredes, em vez de armários suspensos, prateleiras aramadas deixam louças e utensílios à mostra.

O revestimento prateado das portas dos armários harmoniza-se com os aramados.

COOK TOP

Opção cada vez mais freqüente nas cozinhas atuais, o *cook top* pode substituir o fogão tradicional, com a vantagem de deixar embaixo espaço livre para armários.

Em cima da geladeira, prateleira para guardar mais coisas. Sobre o forno, um nicho.

A bancada de granito é superprática.

As cozinhas integradas já viraram sucesso de crítica e de público, em particular nas residências de pessoas sozinhas ou de casais jovens e sem filhos. O importante é criar mecanismos para que a gordura não se espalhe e cuidar para o visual não "brigar" com a decoração da casa.

ESCONDIDINHO

Para quem não acha bonito ficar, da sala, vendo o sifão, o mercado oferece colunas de aço quadradas ou cilíndricas, próprias para "escondê-lo". Em sua maioria, são peças para o lavatório do banheiro, mas podem ser adaptadas para a pia da cozinha.

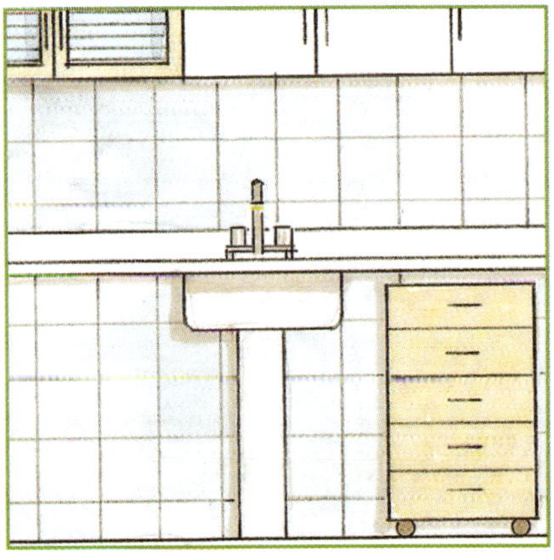

A proposta aqui não é disfarçar a cozinha. Assim, uma pia industrial de aço demarca fronteiras. O aço da pia e da área de trabalho (parte da mesma peça) deve ser de espessura mais grossa, para resistir a afundamentos e outros danos decorrentes do uso.

Projeto: Emilson Abdu • Ilustrações: Alice Campoy

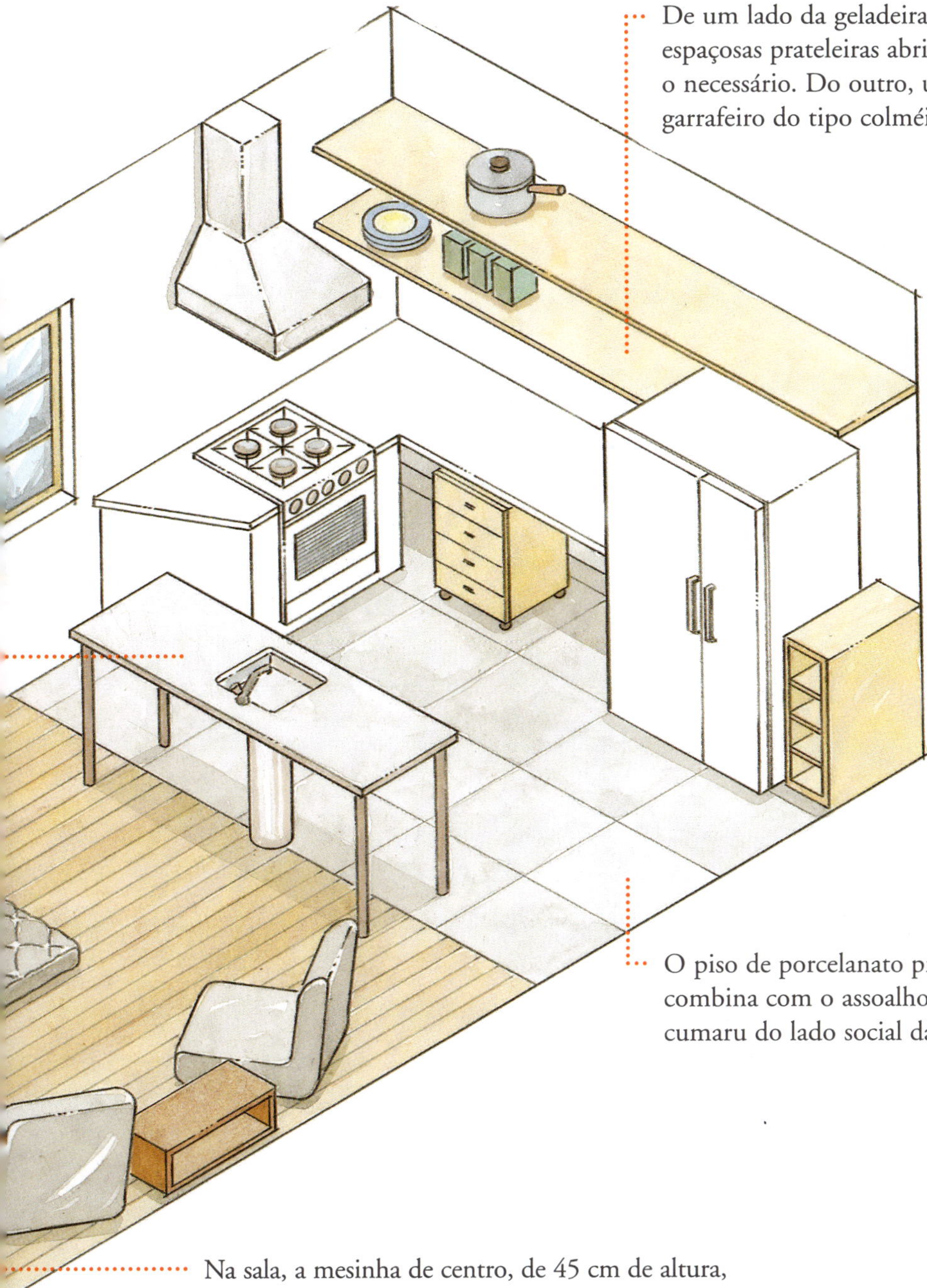

De um lado da geladeira, espaçosas prateleiras abrigam o necessário. Do outro, um garrafeiro do tipo colméia.

O piso de porcelanato preto combina com o assoalho de madeira cumaru do lado social da casa.

Na sala, a mesinha de centro, de 45 cm de altura, faz as vezes de mesa de jantar, acompanhada de almofadões para sentar.

Projeto: Fernando Jaeger

Nesta prática cozinha sem paredes divisórias e sem porta, o mestre-cuca nunca fica isolado à beira do fogão. Ou seja, convívio é a palavra-chave.

COIFA

Este acessório é quase imprescindível na cozinha integrada. A coifa garante que a casa inteira não se encha de gordura e cheiros enquanto a comida está sendo preparada.

A cuba dupla e a localização da lava-louças, acomodada logo ao lado, facilitam a vida do cozinheiro.

O piso é de ladrilhos hidráulicos, com um "tapete" xadrez.

O balcão que divide cozinha e sala pode servir de extensão da área de trabalho e também como aparador durante as refeições.

A maior parte dos armários tem desenho horizontal, da mesma altura do balcão. Resultado: da sala, a cozinha não é tão visível.

Projeto: Maristella Zanini de Toledo

Cozinha, sala de jantar, *living* e varanda convivem no mesmo espaço. Até o piso é o mesmo, o que dá uma sensação ainda maior de integração.

A coifa funciona bem e evita que a gordura se espalhe.

ARRUMAÇÃO

Em uma cozinha integrada, tão importante quanto o projeto, a decoração e a escolha dos equipamentos, é manter tudo sempre arrumado, pronto para receber visitas.

Localizada no centro, a ilha contém o *cook top*, o forno e armários, além de um avanço, que serve de mesa para refeições rápidas.

Em vez de parede, uma enorme porta de correr.
Aberta, a cozinha se torna totalmente integrada.
Fechada, garante privacidade.

O tampo é de corian, um material resistente,
que não mancha. Se fosse de mármore,
não se chegaria ao branco total almejado.

Uma porta de correr com medidas especiais ao mesmo tempo separa e integra a cozinha à sala de estar.

No lado interno do balcão, embaixo, estão a lava-louças e o microondas. Há também um armário. Tudo fora do campo de visão das visitas.

O balcão de granito funciona como área de trabalho e local para as refeições.

Projeto: Frederico Morán e Haroldo Rodrigues

Esta cozinha é totalmente aberta para o *hall* de entrada e semi-integrada à sala de estar. Dá para preparar um jantar para os amigos em clima de festa.

DECORAÇÃO

Enfeitando o balcão, vasos e uma gravura. No alto, uma prateleira com objetos selecionados. Se a cozinha é integrada, a decoração deve ser caprichada, tanto quanto na área social.

As cadeiras com braços são de junco e combinam com a decoração da área social.

O tom beterraba de um trecho de parede contrasta com o branco predominante e combina com a almofada da sala.

Projeto: Valéria Blay e R.A. Engenharia

Semi-incorporada à sala, a pequena cozinha de 5 m² cresceu e apareceu. O ambiente, que antes era muito escuro, também ficou mais claro.

PRATELEIRAS

Mais baratas, as prateleiras podem substituir os armários convencionais em alguns casos. Aqui elas foram instaladas em cima da pia, para guardar copos e louças.

O gaveteiro volante pode circular e servir como apoio em qualquer ponto da cozinha.

A abertura dos módulos superiores é para cima, o que facilita o acesso ao que está guardado.

A opção pelo *cook top*, em vez de fogão, poupa espaço. Assim, tornou-se possível colocar embaixo dois gavetões para panelas.

Com planejamento, coube tudo: fogão, geladeira com *freezer*, microondas e até lava-louças (entre o fogão e as gavetas).

O piso de chapa de alumínio, que lembra o chão dos ônibus, é a estrela desta cozinha aberta. Para limpar, basta passar pano molhado.

A mesa-balcão tem tampo de silestone (também fácil de limpar) e pés de aço inox.

Projeto: Valéria Henriques

Compacta, esta cozinha com apenas 4,35 m^2 de área revela-se perfeita para quem mora sozinho e é fã de apartamentos do tipo *loft*.

DE CORRER

A divisória de correr é ideal para quando falta espaço, a ponto de tornar quase inviável o movimento de abrir e fechar. Neste projeto, uma porta de vidro dá acesso à lavanderia.

As cadeiras altas estão em harmonia com a decoração da sala.

Tudo pela beleza: um caixote em MDF revestido com madeira *wenge* abriga o armário com porta de vidro miniboreal e moldura de alumínio.

Economia de espaço: em vez de uma geladeira tradicional, uma pequena, do tipo frigobar. E, no lugar do fogão, um *cook top* de duas bocas.

Como não há fogão tradicional nem forno, o microondas foi bem-escolhido: assa, doura, faz tudo.

O piso é de porcelanato, em tom próximo ao do carpete.

Projeto: Gisèlle Moreira

Integrada à sala do apartamento de 33 m² que virou miniloft, a cozinha não parece tão minúscula assim. Ainda coube o essencial para atender uma pessoa.

PRATICIDADE

Escolher o produto certo ajuda a tornar o dia-a-dia mais prático. A torneira (que vira ducha) "sai" da pia, pois está encaixada em uma mangueira embutida.

Atrás da parede vermelha, armários para guardar tudo: quem está na sala de jantar ou de estar não vê nada.

Na sala de jantar, piso de pedra goiás. Na cozinha, revestimento de cerâmica, assim como as paredes. Bom para manter tudo limpo.

A lixeirinha pendurada fica perto do fogão e da pia, sem ocupar espaço.

A bancada de mármore carrara, apoiada em um pilar de concreto, "separa" e "une" os ambientes. Serve como mesa e área de trabalho.

Projeto: Mauro Guatelli

Uma cozinha democrática: na sala de jantar ou na de estar, as visitas participam do preparo da comida. Assim, o mestre-cuca nunca fica sozinho.

LIXEIRA

Se a cozinha é integrada e não há como fugir da lixeirinha na pia, a recomendação é escolher uma com *design* e material bonitos. Vira objeto de decoração.

O detalhe do espelho sobre a pia permite a quem usa não ficar olhando para a parede e dá profundidade. Ainda é fácil de limpar.

Nas portas, madeira louro faia com verniz náutico: cara de armário de sala.

Para dar um ar mais moderno, algumas portas são de acrílico com contorno de alumínio.

A bancada de mármore preto reforça o estilo sofisticado desta cozinha.

Projeto: Luiz Fernando Salgado Franco e Paulo Roberto Evangelista

Graças ao uso de materiais com aspecto sofisticado, a cozinha integrada, concebida para um *gourmet*, convive muito bem com a área social.

PISO

Um recurso para dar um ar de continuidade às cozinhas integradas é usar o mesmo piso da sala. Aqui, parece porcelanato, mas é cerâmica retificada com autobrilho.

Projeto: Luciana Elene Montini
e Silvia Manelli Elene

Para dar unidade, a madeira do balcão que integra a cozinha e a área social é do mesmo tom dos móveis da casa.

A cozinha tem o essencial para uma pessoa que não promove banquetes nem precisa lavar uma enorme quantidade de louça. Integrada, parece maior do que é.

MADEIRA

Não é um material tão prático quanto os laminados, por exemplo. Mas quem quer uma cozinha com cara de sala pode – e deve – usar madeira, em uma tonalidade que remeta aos móveis da casa.

O tom amêndoa do laminado texturizado que reveste os armários harmoniza-se com a madeira usada no balcão e em alguns detalhes.

Só os eletrodomésticos essenciais: geladeira compacta de 180 litros, fogão de quatro bocas, coifa e microondas pequeno. Abriu-se mão da lava-louças, para não perder área destinada a armários.

O tampo de granito caramelo e o piso de cerâmica bege originais foram mantidos. Medida de economia: dá para fazer bonito sem trocar tudo.

Não é verdade que na cozinha só cabem o branco e as tonalidades claras. Está certo que elas lembram limpeza, trazem luminosidade e costumam ser as preferidas. Mas cores fortes e vibrantes, como o vermelho e o laranja – às quais se atribui até o poder de estimular o apetite –, também são bem-vindas.

A bancada também é de granito na cor café.

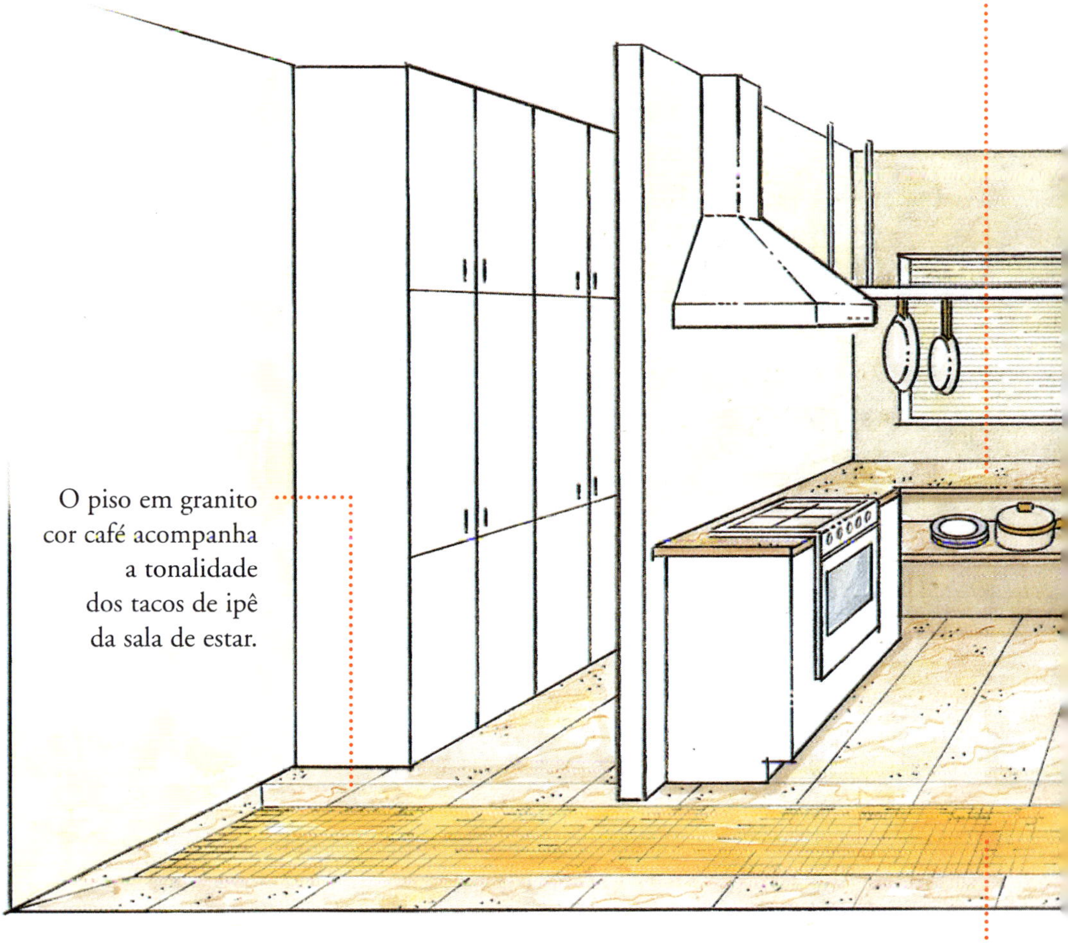

O piso em granito cor café acompanha a tonalidade dos tacos de ipê da sala de estar.

Sobre o granito do chão, destaca-se uma vistosa faixa de pastilhas de vidro cor de laranja.

NOS DETALHES

A não ser que a cozinha seja inegavelmente grande, não convém abusar das cores vivas. Neste projeto, com visual bastante jovem, elas têm vez apenas em três detalhes, que funcionam como interferências divertidas no "fundo" neutro de tonalidade café.

Projeto: Emilson Abdu • Ilustrações: Alice Campoy

A coluna estrutural do edifício foi engrossada e ganhou forma cilíndrica, além de acabamento com pastilhas de vidro (Vidrotil) cor azul-carbono.

O nicho que abriga a geladeira tem passa-pratos lateral e recebeu uma pintura com tinta acrílica verde-limão.

Projeto: Evelin Sayar
e Simone Santos

Combinado ao branco dos armários e eletrodomésticos, o vermelho intenso aquece esta arrojada cozinha acompanhada de sala de almoço.

DE FAMÍLIA

Não é necessário jogar tudo fora na hora de reformar a cozinha. Alguns móveis que pertencem à família há longos anos, como é o caso desta mesa, podem ser reaproveitados.

O branco está presente também nos armários, eletrodomésticos e no piso de cerâmica tradicional.

Para dar mais charme ao conjunto, um rodapé e uma faixa no piso, ambos feitos com pastilhas de vidro (Vidrotil).

Quase todas as paredes foram pintadas de vermelho com tinta lavável. Restou uma parede branca na sala de almoço.

Em composição com a mesa de madeira, cadeiras (vermelhas, é claro!) com pintura automotiva. Podem receber nova cor a qualquer momento.

Projeto: Alessandra Ribeiro
e George Hilton

A predominância é do branco, mas um mosaico laranja em formato orgânico traz cor vibrante para esta cozinha de dar água na boca.

Na coifa, uma luz dirigida ilumina a comida que está sendo preparada.

REJUNTE

Na parede, a cerâmica recebeu rejunte branco; no piso, cinza. O detalhe é para facilitar a manutenção. Clarinho, talvez não permanecesse limpo nem por uma semana.

A ilha, com fogão e uma mesa, permite a quem cozinha desfrutar a companhia das visitas enquanto prepara o jantar.

O projeto de iluminação mescla lâmpadas fluorescentes, presença quase garantida na cozinha, e dicróicas. O resultado é um clima mais intimista.

Feita com cacos de cerâmica, a "onda" laranja começa em uma parede e atravessa o piso. A essa cor é atribuído o poder de estimular o apetite.

Amarelo nas pastilhas de vidro (Vidrotil) e azulão no laminado de algumas portas de armário: uma combinação ousada de cores.

Na ilha, o fogão tem uma mesa-balcão de vidro bem na frente, permitindo o convívio entre visitas e mestre-cuca enquanto o jantar não fica pronto.

A ausência de puxadores confere uma aparência mais leve aos armários.

Projeto: Luiz Humberto Carvalho

Nesta cozinha amarela e azul dá para receber amigos, conversar e bebericar com eles enquanto se prepara o jantar. Todos vão se sentir acolhidos.

SEM EXCESSOS

Para não sobrecarregar muito o ambiente, já bastante vistoso pelo uso de cores fortes, poucos eletrodomésticos e objetos de decoração foram deixados à mostra.

Não faltam pias na cozinha. A bancada de trabalho tem cuba dupla. Uma terceira, bem ao lado do fogão, é auxílio extra para quem cozinha.

Projeto: Naomi Abe e
Mônica Bacellar Tomaselli

O alaranjado das paredes "aquece" o ambiente, tornando-o bastante acolhedor.

O estilo despojado, as linhas retas do mobiliário e os tons de madeira revelam, de maneira sutil, a influência oriental desta cozinha.

EMBUTIDO

O escorredor, embutido ao lado da cuba dupla, tanto serve para louças como para legumes e frutas. Pode ser uma alternativa para as peças comuns, que às vezes enfeiam a bancada.

O fogão não é embutido e tem rodinhas, para ser deslocado na hora da limpeza.

Para revestir os armários e a mesa-bancada, usou-se um laminado com aparência de madeira, material de fácil manutenção. Fixados na parede, os armários não têm base, impedindo o acúmulo de sujeira embaixo.

A lateral do gabinete foi aproveitada para acomodar um suporte de pano de prato.

O colorido rosado das paredes
e a presença de objetos decorativos fazem
a cozinha parcccr uma extensão da sala.

Além de bonito, o barrado com porcelanatos
pintados à mão, que passa atrás da pia e do fogão,
tem uma função: protege a parede de respingos.

A iluminação fluorescente ficou embutida. Sobre a bancada, lâmpadas dicróicas, para iluminar o trabalho.

O tampo de vidro da mesa de jantar possui um vão no meio, onde foi encaixado um aquário para peixes, flores ou velas.

Projeto: Carlos Verna, Adriana Santini, Karina Fontana e Fernando Minto

A mesa de jantar integra cozinha e sala. Sem azulejos, as paredes exibem um colorido marcante, o que reforça a sensação de estar em uma área social da casa.

IDÉIA

Materiais inusitados podem criar efeitos visuais interessantes. As portas de um dos armários são feitas com tela de galinheiro e vidro por trás, o que resulta em beleza e simplicidade.

O armário, feito sob medida, separa cozinha e copa. De um lado, possui divisórias para guardar os utensílios usados no preparo da comida. De outro, os apetrechos para servir.

Estilo na cozinha: a mesa de pau-marfim, com pés palito, é inspirada na década de 1950.

Contrastando com o preto e o branco, o alaranjado na parte de cima das paredes aquece o ambiente.

Depois de receber pintura automotiva preta, a geladeira antiga foi colocada ao lado da branca, novinha em folha: muito espaço para os alimentos.

Projeto: Neza Cesar

Perfeita para uma família que adora preparar as refeições e saboreá-las unida, esta copa-cozinha foge um pouco do convencional. A começar pelo uso de cor nas paredes.

BARRADO

Azulejos pintados à mão (como estes) ou decorados ficam um charme quando usados em detalhes, como o barrado, que traz mais colorido para o ambiente.

O azul intenso da fórmica que reveste portas de armários e gavetas é valorizado pelo branco dos eletrodomésticos. Para contrabalançar, alguns módulos são revestidos com fórmica em tom de madeira.

Em vez de fogão, *cook top* na bancada de corian branco. O forno está embutido em outro canto.

O varão atravessa toda a extensão da bancada. Não falta lugar para pendurar utensílios, porta-temperos e afins.

Projeto: Vivian Calissi

Graças ao jogo de cores e formas, a cozinha do *loft* ganhou visual arrojado e convive pacificamente com a sala. Indicada para quem tem estilo de vida moderno.

RODINHAS

Móveis com rodízios são versáteis. O balcão com rodinhas funciona como mesa e também como apoio na hora de cozinhar. Pode ser levado para qualquer canto.

O chão é de madeira mesmo, como o da sala.

O suporte pendente deixa toalha de papel, utensílios e tudo o mais à mão.

O armário “despenseiro”, de vidro e aço, tem aramados internos giratórios. É muito fácil achar o que se procura.

Recurso inusitado: o painel verde de resina traz pimentas desidratadas aqui e ali.

A bancada é de aço, um material prático que dá uma aparência moderna à decoração.

Projeto: Luce Galvão e Inês Nóbrega

Aço, tom de madeira, cores quentes, utensílios à mostra. Esta cozinha, com ambientação moderna, é sob medida para quem adora se divertir entre as panelas.

PASTILHAS

Quem quer um pouco de cor viva na cozinha, acaba recorrendo à farta gama de tonalidades das pastilhas de vidro. Em detalhes discretos ou marcantes, elas dão vida ao ambiente.

A casa é um lugar para reunir a família e os amigos nos fins de semana, nos feriados e nas férias. A cozinha, não necessariamente guarnecida com uma infinidade de eletrodomésticos e utensílios como acontece na residência oficial, funciona muito bem. E, entre as panelas, todos ainda desfrutam uma bela vista.

CONVÍVIO

Graças à criação de vãos, o ambiente onde fica a mesa de refeições "interage" com a cozinha, o bar e até a área do forno. Assim, ninguém fica isolado em canto algum. Afinal, a casa não é mesmo um local de confraternizações?

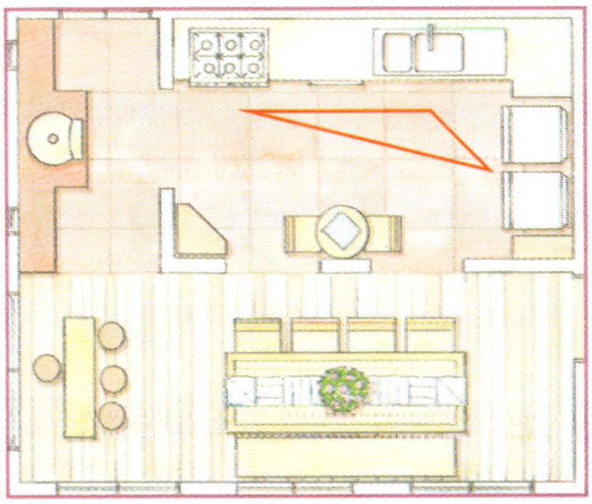

Na área da cozinha e do forno de pizza, o piso é de cimento queimado com vermelhão resinado alto-brilho. Facílimo de limpar.

No assoalho da sala de refeições foram utilizadas tábuas de diferentes larguras. Fora do padrão, este material só pode ser comprado sob encomenda. Uma bela opção é usar madeira de demolição, como o pinho-de-riga fatiado de vigas estruturais.

Cortininhas de tecido substituem as tradicionais portas de armários: além de mais baratas, permitem uma boa circulação de ar e dão uma aparência descontraída ao ambiente.

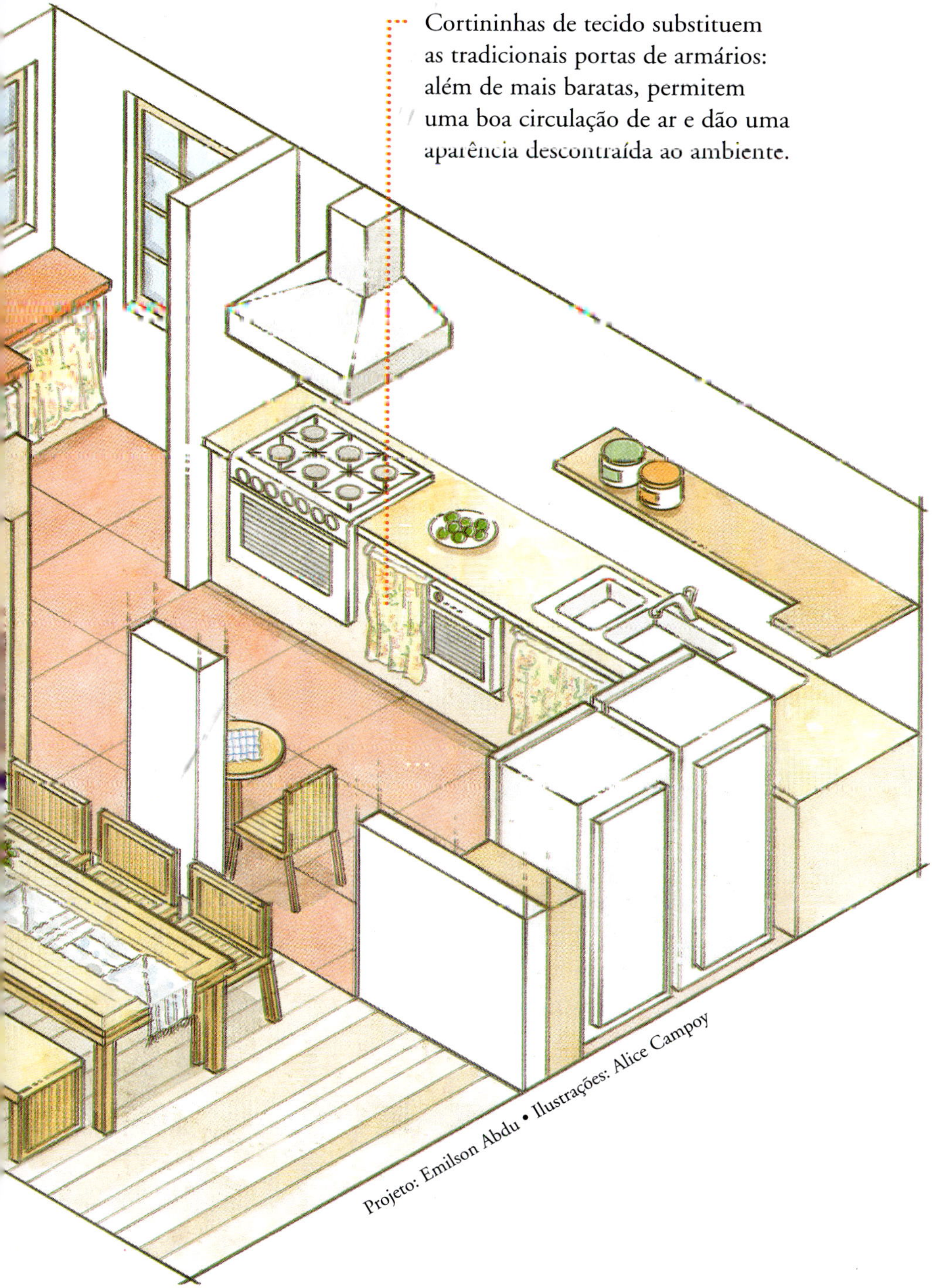

Projeto: Emilson Abdu • Ilustrações: Alice Campoy

O fogão traz uma prateleira para apoiar pratos e pequenas travessas perto da coifa, que tem sistema infravermelho para manter tudo quente até servir.

Detalhe charmoso: projetados os armários e anexos, a arquiteta criou uma cabeira, moldura no piso que acompanha todo o desenho da cozinha.

O vidro mini boreal mostra e esconde ao mesmo tempo. Nem tudo o que está guardado é para ficar visível.

A bancada de granito serve de apoio durante o preparo da comida e também para refeições rápidas.

Projeto: Ana Lúcia Salama

A cozinha de 23 m² de uma casa de veraneio em um condomínio de praia tem tudo, até paliativo para o calor e os mosquitos.

VENTILADOR

Praia, verão, calor, mosquitos... O ventilador de teto é um recurso eficiente para espantar os insetos e atenuar o calorão. E é possível escolher um modelo que componha com o visual da cozinha.

Projeto: Alexandre Sodré, do Studio Da Mata

A cozinha segue o estilo rústico e tira proveito da paisagem externa. Nada mais adequado para uma casa de campo, cercada de exuberante natureza.

A cortina fixa dá um ar ainda mais campestre ao ambiente.

BELA VISTA

Se a vista da casa é privilegiada, vale a pena criar meios para desfrutá-la também da cozinha. Os janelões e a parte de vidro do teto cumprem tal função e deixam a luz natural entrar.

Na área molhada, as paredes foram revestidas com cerâmica e ainda ganharam um barrado decorativo. Pode respigar água à vontade.

Paredes de tijolos maciços de demolição funcionam como um charme extra. Eles também surgem na charmosa ilha do fogão.

Os escaninhos para arroz, feijão e afins lembram a vitrine de uma venda do interior. A idéia é bem prática.

Projeto: Mario Cury

Quadros na parede e objetos de decoração fazem a cozinha parecer "área social".

Arrojada, esta casa de campo foge do tradicional. A cozinha, integrada à sala, nem tem aparência de cozinha. Tudo em prol do bem-estar dos donos e das visitas.

ELÉTRICO

O fogão vitro-cerâmico, elétrico, elimina o perigo de vazamento de gás. Sem chama, é também uma boa opção para quem tem criança, pois diminui o risco de acidentes.

O piso de cimento queimado garante praticidade e durabilidade.

Não há armários de nenhuma espécie, só prateleiras de concreto. O material é usado também na bancada, no balcão-bar e até na mesa.

Embaixo da pia ficam as panelas, mas não há gabinete.

Preso na parede, um porta-louças exclusivo, desenhado pelo dono da casa. As portas dos gabinetes são feitas com janelas reaproveitadas.

Ao lado do fogão a lenha, outro a gás, da década de 1940, inteiro e em funcionamento.

Para facilitar o dia-a-dia, duas pias foram construídas na reforma. Em uma delas, dá para trabalhar apreciando a paisagem.

As cadeiras são de Sperandio Pelliciari, desenhadas em 1888.

Projeto: Eduardo Carlos Pereira

Se a casa é de uma fazenda do século XIX, a melhor opção é investir no passado e preservar ao máximo o projeto original, até na cozinha. Charme garantido.

LOUÇAS

A coleção de louças européias do século XIX, pendurada de maneira harmoniosa nas paredes, deu um toque pessoal à decoração da cozinha.

A metade superior da parede ganhou cor vibrante, que "aquece" o ambiente.

O piso é de cimento queimado, simples e bonito. Um "tapete" de ladrinhos decora o centro.

Na prateleira, cerâmicas de Trancoso, peças de madeira de Aiuruoca e o globo transparente, escultura de Delduque da série "Oceanos".

Em vez de uma de uma geladeira nova, um modelo antigo, que acaba funcionando como mais um elemento da decoração.

Projeto: Fábio Delduque

Decoração personalizada, feita pelo dono da casa. Por que não? A cozinha foi recheada com cerâmicas, peças de madeira e até obras de arte do proprietário.

CORTININHA

Em casas de campo ou de praia, não é obrigatório fechar com portas o gabinete sob a pia. Uma cortininha costuma resolver a questão com charme despojado.

Os gaveteiros são de madeira maciça, mas foram pintados com esmalte acetinado branco, para facilitar a manutenção. Detalhe simples e criativo: foram aplicados decalques de frutas, comprados em uma papelaria do interior.

O tampo da mesa também recebeu uma camada de esmalte acetinado branco: limpeza sem dificuldades.

No mezanino, dois quartos. A cozinha americana e a sala convivem no térreo.

O piso de ardósia envernizada combina com o clima rústico e é de extrema praticidade.

Projeto: Karim Akel e Umberto Mateus

A cozinha, despojada e rústica, acompanha o clima do bangalô de praia do tipo *loft*, rodeado de exuberante Mata Atlântica. Puro clima de lazer.

GARIMPO

Uma boa idéia para quem quer um detalhe exclusivo na cozinha é explorar os cemitérios de azulejos. Pode-se garimpar raridades, como os quadrados com ondinhas que, neste projeto, enfeitam a área da pia.

Projeto: Roberto Campos Rolim
e Esther Giobbi

Janelas, porta devassada, vidro na parede... Da cozinha, pode-se saborear a paisagem lá fora. Cortinas do tipo rolô filtram a entrada de luz natural.

Ampla, clara, arejada e em estilo *clean*, sem nenhum exagero. Esta cozinha de casa de praia combina, e muito, com o clima de férias.

FALSA ILHA

Não é preciso construir uma ilha de verdade, se o objetivo é aumentar a área de trabalho e diminuir as distâncias. Uma simples mesa cumpre essa tarefa.

Esteiras no chão combinam com o estilo rústico e o clima praiano.

Três pias na cozinha: todo mundo pode ajudar nos afazeres domésticos. Azulejos atrás da cuba dupla protegem a parede de respingos.

Alguns detalhes, como o peixe pendurado na janela e as estrelas-do-mar decorando a mesa, lembram que a cozinha é de uma casa de praia.

Este livro foi composto nas
fontes AGaramond e Futura
e impresso em Starmax 115g
São Paulo, Brasil, outono de 2011